COLLECTION DE M. P.

ESTAMPES

modernes

EXPOSITION PUBLIQUE

Le Mercredi 12 Avril 1893, de 2 heures à 5 heures

Vente le 13 Avril 1893

IMPRIMERIE MAULDE ET RENOU

A. MAULDE & Cie

IMPRIMEURS DE LA COMPAGNIE DES COMMISSAIRES-PRISEURS

Rue de Rivoli, 144. — Paris

ESTAMPES MODERNES

En épreuves d'artiste

GRAVURES AU BURIN

Œuvre de F. GAILLARD

EAUX-FORTES

PAR

Bracquemond, Flameng, Champollion, Jacquemart

RAJON, Waltner, etc.

ŒUVRES PAR ET D'APRÈS

MEISSONIER

DONT LA VENTE AUX ENCHÈRES PUBLIQUES AURA LIEU

HOTEL DES COMMISSAIRES-PRISEURS

RUE DROUOT, SALLE N° 10

Le Jeudi 13 Avril 1893

A DEUX HEURES

Par le Ministère de Me **Maurice DELESTRE,** Commissaire-Priseur
rue Drouot, 27

Assisté de **M. L. DUMONT,** Expert, marchand d'Estampes
rue Laffitte, 27

EXPOSITION PUBLIQUE

Le Mercredi 12 Avril 1893, de deux heures à cinq heures

PARIS — 1893

CONDITIONS DE LA VENTE

Elle sera faite au comptant.

Les Acquéreurs paieront CINQ POUR CENT en sus des enchères, applicables aux frais.

M. DUMONT, chargé de la direction de la vente, se réserve la faculté de rassembler ou de diviser les lots.

M. DUMONT remplira les commissions des personnes qui ne pourraient asister à la vente.

L'ordre du Catalogue sera suivi.

MM. les Amateurs pourront examiner les Estampes chez M. L. DUMONT, 27, rue Laffitte, *du 1er au 11 Avril 1893.*

A. MAULDE et Cie, imprimeurs de la Compagnie des Commissaires-Priseurs
rue de Rivoli, 144. 700—31747

DÉSIGNATION

BRACQUEMOND

1 — **Erasme**, d'après Holbein (Cat. H. Béraldi 39).

Superbe et très rare épreuve d'artiste sur Japon. Signée.

BURNEY

2 — Mgr de Ségur, d'après Gaillard (H. B. 16).

Très belle épreuve d'un état presque terminé. Signée.

3 — La même Estampe.

Très belle épreuve d'artiste sur Japon. Signée.

4 — Mgr Pie. Étude d'après le dessin de Gaillard (H. B. 4).

Très belle épreuve d'artiste, avec croquis. Signée.

CHAMPOLLION

5 — Mme Sarah Bernhardt, d'après Bastien Lepage.

Très belle et curieuse épreuve à l'état d'eau-forte pure, sur Japon. Signée.

6 — La même Estampe.

Superbe épreuve d'artiste sur Japon. Signée.

FLAMENG (L.)

7 — Miss Graham, d'après Gainsborough (H. B. 177).

Très belle épreuve d'artiste sur Chine.

FLAMENG (L.)

8 — **L'Enfant bleu**, d'après Gainsborough (H. B. 178).

Très belle épreuve d'artiste sur Chine, avec la croix et la date 1862.

9 — **La Source**, d'après Ingres (H. B. 179).

Superbe épreuve d'essai avant les reflets dans la nappe d'eau. Signée.

10 — **La même Estampe.**

Superbe épreuve d'artiste terminée, avant le camée, sur Chine. Signée.

11 — **Mme Feydeau**, d'après C. Duran (H. B. 328).

Très belle épreuve d'artiste avec le nom à la pointe, sur Chine.

12 — **Ingres**, d'après lui-même (H. B. 350).

Très belle épreuve d'artiste sur Chine.

FORSTER (F.)

13 — **Les trois Grâces**, d'après Raphael (H. B. 49).

Superbe épreuve, avec le nom du graveur à la pointe, sur Chine.

ŒUVRE

DE

F. GAILLARD

14 — **Chapu** (Cat. H. Béraldi 2).

Très belle et rare épreuve d'un état antérieur à celui décrit et portant la mention suivante écrite au crayon par l'artiste : « 3e épreuve, gravé au burin d'après nature. 1855. » Signée.

GAILLARD (F.)

15 — Académie d'Homme (H. B. 4). Morceau de concours pour le grand Prix de Rome.

Très belle épreuve.

16 — Aristide Pontieux (H. B. 5).

Très belle épreuve. Signée. Rare.

17 — Chateaubriand (H. B. 6).

Superbe épreuve sur Chine, portant de la main de l'artiste la note suivante : « État avant la retouche du fond, portrait inspiré de Girodet pour l'ensemble et de David d'Angers pour la tête. »

18 — Jean Bellin, première planche, inédite, tête tournée à gauche (H. B. 7).

Très belle épreuve d'un état indiqué par l'artiste comme étant le troisième, mais avant quelques travaux décrits à cet état et avant le mot Joannès sur la tablette. Signée.

19 — Jean Bellin, seconde planche, tourné à droite (H. B. 8).

Superbe épreuve du 2e état avec le vêtement blanc, sur Chine. Signée.

20 — La même Estampe.

Superbe épreuve de l'état terminé, mais avant la signature à la pointe, sur Chine. Signée. Rare en cet état.

21 — La même Estampe.

Très belle épreuve avec le nom à la pointe. Signée.

22 — Horace Vernet, d'après P. Delaroche (H. B. 9).

Superbe épreuve à l'eau-forte pure. Signée. Très rare.

23 — La même Estampe.

Très belle épreuve avec les noms des artistes tracés à la pointe. Signée. Sur Chine.

24 — Mgr Bouvier, évêque du Mans (H. B. 11).

Très belle épreuve d'artiste sur Japon. Signée.

GAILLARD (F.)

25 — Mistral (H. B. 12).

Très belle épreuve sur Chine. Signée.

26 — **La Vénus du Titien** (H. B. 13).

Superbe épreuve de l'état le plus avancé de cette estampe restée inachevée. Signée. De la plus grande rareté.

27 — **Le Condottiere**, d'après ANTONELLO DE MESSINE (H. B. 15).

Superbe épreuve sur Chine, avant la signature à la pointe et portant de la main de l'artiste la mention suivante : « État très rare, épreuve d'essai essayé. F. G. » Signée.

28 — La même Estampe.

Superbe épreuve sur Chine avec le nom de l'artiste tracé à la pointe à droite et portant la note suivante : « Une des rares épreuves de ma planche où la finesse du dessin et la chaleur du modelé sont réunies. F. Gaillard. » Signée. 1869.

29 — La même Estampe.

Superbe épreuve avec le nom à la pointe et avec la note : « Dernier état avant l'aciérage et les épreuves d'artiste. F. G. » Signée. Très rare.

30 — La même Estampe.

Superbe épreuve avec le nom à la pointe. Signée.

31 — La Vierge au Donateur, de J. BELLIN (H. B. 16).

Superbe épreuve sur Chine avec les noms tracés à la pointe, avec cette note : « Épreuve très délicate et très rare. F. Gaillard ». Signée.

32 — La Vierge, de J. BELLIN (H. B. 17).

Très belle épreuve avant la lettre. Signée.

33 — **Gattamelata** (H. B. 18).

Superbe épreuve sur Chine teinte avant la signature à la pointe, état non décrit. L'épreuve porte la note suivante : « Avant-dernier état, la base de la statue n'étant pas terminée et les lumières du cheval n'étant pas fondues. F. Gaillard. » Il a été tiré trois épreuves de cet état.

GAILLARD (F.)

34 — La même Estampe.

Superbe épreuve avec le nom à la pointe. Signée. Très rare.

35 — Le prince Bibesco (H. B. 19).

Très belle épreuve. Signée. Rare.

36 — Vénus, d'après Thorwaldsen (H. B. 20).

Superbe épreuve du 1er état mais avant la signature à la pointe. Très rare. Signée au crayon.

37 — Mercure, d'après Thorwaldsen (H. B. 21).

Superbe épreuve d'essai retouchée au crayon par l'artiste. Signée. Unique en cet état.

38 — Bas-Relief, grec (H. B. 23).

Très belle épreuve sur Chine. Signée. Très rare.

39 — **Œdipe**, d'après Ingres (H. B. 24).

Superbe épreuve du 2e état, le corps d'Œdipe et une partie du sphinx seuls gravés, le reste de la composition dessiné au crayon et à l'encre. Épreuve unique en cet état. Signée.

40 — La même Estampe.

Superbe épreuve avant les noms à la pointe et avant quelques légers travaux. Signée.

41 — La même Estampe.

Superbe épreuve sur Chine avec les noms à la pointe. Signée.

42 — **L'Homme à l'Œillet**, d'après Van Eyck (H. B. 25).

Superbe épreuve du 2e état avec la figure et les mains blanches. Signée. De la plus grande rareté.

43 — La même Estampe.

Superbe épreuve d'un état terminé mais avant la signature à la pointe et avec quelques bavures en dehors du trait carré. Excessivement rare en cette condition.

GAILLARD (F.)

44 — La même Estampe.

Superbe épreuve sur Chine avec la signature à la pointe à droite; sous le trait carré. Signée. Cette épreuve porte la mention suivante : « Dernier état avant l'aciérage, tiré à six exemplaires. F. Gaillard ».

45 — La même Estampe.

Superbe épreuve sur Chine avec la signature au milieu de la marge du cuivre. Très rare. Signée. 1872.

46 — La Vierge de la Maison d'Orléans, d'après Raphael (H. B. 26).

Superbe épreuve d'un état très curieux portant la mention suivante de la main de l'artiste : « J'avais l'intention de traduire cette peinture en m'inspirant de Marc Antoine, et j'étais arrivé à cet état, lorsque j'ai cru devoir rentrer dans l'effet du tableau, aussi ai-je changé cet état que je considérais comme presque terminé. F. Gaillard. Août 1881 ».

47 — La même Estampe.

Superbe épreuve sur Chine avant le nom à la pointe et portant la note suivante : « L'épreuve la plus harmonieuse de ma planche, état terminé avant les artistes. F. Gaillard ».

48 — **Dante,** bronze du xve siècle (H. B. 27).

Superbe épreuve sur Chine. Signée 1872.

49 — Albert Durer (H. B. 28).

Très belle épreuve sur Japon. Signée. Rare.

50 — **La Vierge et l'Enfant Jésus,** d'après Botticelli (H. B. 29).

Superbe épreuve d'un état non décrit. Le voile de la Vierge, les vêtements de l'Enfant Jésus et le Saint Jean-Baptiste sont indiqués au trait, le ciel blanc, sur Chine.

51 — La même Estampe.

Superbe épreuve d'un état non décrit mais se rapprochant de celui que M. H. Béraldi donne comme le 4e. La planche est presque entièrement couverte sauf quelques travaux dans la tête de la Vierge et dans les vêtements, le ciel est blanc. Sur Chine. Signée.

GAILLARD (F.)

52 — La même Estampe.

Superbe épreuve de l'état terminé, mais avant quelques retouches sur la tête de la Vierge.

53 — La même Estampe.

Superbe épreuve entièrement terminée avec la note : « État très rare avant l'aciérage. F. G. ».

54 — La même Estampe.

Superbe épreuve entièrement terminée. Sur Chine, avec la note: « Dernier état très rare. F. Gaillard ».

55 — La même Estampe.

Superbe épreuve du même état avec dédicace.

56 — La même Estampe.

Superbe épreuve d'artiste sur Chine. Signée.

57 — Henri, comte de Chambord (H. B. 30).

Superbe épreuve avec les mots tracés à la pointe : « Dessiné d'après nature » ; mais avant les mots : « Publié avec l'approbation, etc. ». État non décrit. Signée.

58 — **Pie IX** (H. B. 31).

Superbe épreuve de la planche terminée, mais avec le cadre clair et la figure très modelée. Le nom de Pius IX en lettres blanches avec les mots : « Pontifex maximus », mais avant toute autre inscription. Sur Chine. Signée.

59 — La même Estampe.

Superbe épreuve d'un effet tout différent. Le cadre ombré et la figure éclaircie ; également avant les inscriptions sur Chine. Signée.

60 — La même Estampe.

Superbe épreuve ayant l'aspect d'un dessin. Seuls, la tête et les vêtements ont été encrés, les fonds et le cadre à peine indiqués. Signée.

61 — Le Crépuscule, d'après Michel-Ange (H. B. 32).

Superbe épreuve portant la note : « Eau-forte pure. F. G. » Signée, 1876.

GAILLARD (F.)

62 — La même Estampe.

Superbe épreuve avant quelques légers travaux. Signée.

63 — La même Estampe.

Superbe épreuve sur Chine avant la signature à la pointe, tirée à six exemplaires. Signée.

64 — Saint Sébastien. Étude (H. B. 33).

Superbe épreuve avec les croquis sur le fond de la planche. En plus d'une note intéressante de l'artiste. L'épreuve porte la mention : « Tiré à quatre exemplaires dans cet état. F. Gaillard. »

65 — Saint Sébastien, tourné à droite, d'après le tableau de l'artiste (H. B. 34).

Superbe épreuve sur Chine d'un état non décrit avant la flèche à terre et avant le nom à la pointe portant la note suivante « État tiré à deux épreuves. F. Gaillard. »

66 — Tête de cire du Musée de Lille (H. B. 36).

Superbe épreuve du 2e état. Signée. Rare.

67 — La même Estampe.

Superbe épreuve du 3e état, sur Chine. Signée. Très rare.

68 — La même Estampe.

Superbe épreuve avec le nom à la pointe. Signée. Avec la mention : « Épreuve très fine. F. G. »

69 — Mgr de Mérode (H. B. 37).

Très belle épreuve sur Chine. Signée. Rare.

70 — **Dom Prosper Guéranger,** abbé de Solesmes (H. B. 38).

Superbe épreuve avec la croix blanche et avec le premier fond. Signée.

71 — La même Estampe.

Superbe épreuve d'un état plus avancé avec la croix ombrée. Signée.

GAILLARD (F.)

72 — La même Estampe.

Superbe épreuve, avec le fond modéré. Sur la tablette se trouve l'inscription suivante de la main de l'artiste : « Dom Prosper Gueranger, abbé de Solesmes, offert par Monsieur le duc de Chaulnes aux bénédictins de la Congrégation de Fresne. »

73 — La même Estampe.

Superbe épreuve indiquée comme étant le 12e état, entièrement terminé avant le fond éclairci sur Chine. Signée. Très rare.

74 — La même Estampe.

Superbe épreuve sur Chine avec le nom à la pointe au milieu. Signée avec la note : « Epreuve avant l'aciérage. F. Gaillard. »

75 — **Léon XIII** (H. B. 39).

Superbe épreuve du 2e état, avec les deux bordures blanches et avant le nom à la pointe. Dédicace. Signée. Très rare.

76 — La même Estampe.

Superbe épreuve du 3e état, avec le nom à la pointe à gauche, sur Chine. Signée. Très rare.

77 — La même Estampe.

Superbe épreuve du 6e état. Les cheveux au lieu d'être bouclés derrière l'oreille droite, sont ramenés en avant sur la tempe. État avant les inscriptions et avec le nom de l'artiste tracé à la pointe, au milieu de la planche. L'épreuve porte la mention : « Planche retouchée à Rome avant l'aciérage. F. Gaillard. »

78 — **Mgr Pie** (H. B. 40).

Superbe épreuve du 1er état : le masque seul.

79 — La même Estampe.

Superbe épreuve du 3e état, la calotte blanche et les vêtements blancs. Sur Chine. Signée.

80 — La même Estampe.

Superbe épreuve d'un état non décrit, la croix blanche non terminée, avec dédicace. Sur Chine.

GAILLARD (F.)

81 — La même Estampe.

Superbe épreuve du même état, sur Chine. Signée.

82 — Le Comte de Melun (H. B. 41).

Très belle épreuve du 2e état sur Japon.

83 — La même Estampe.

Très belle épreuve sur Japon. Signée.

84 — **Les Pèlerins d'Emmaüs,** d'après Rembrandt (H. B. 43).

Très belle épreuve du 4e état sur Japon, les figures du pèlerin de gauche et du serviteur sont encore blanches.

85 — La même Estampe.

Très belle épreuve présentant divers changements avec la précédente. Travaux ajoutés dans les fonds, la nappe ombrée sur le devant. Signée.

86 — La même Estampe.

Très belle épreuve du 4e état, la figure du serviteur et la nappe sont blanches. Sur Japon. Signée.

87 — La même Estampe.

Superbe épreuve du 6e état. La planche est entièrement couverte, la nappe seule reste blanche. Sur Chine. Signée.

88 — La même Estampe.

Superbe épreuve du même état avec quelques travaux ajoutés dans les fonds. Sur Chine. Signée.

89 — La même Estampe.

Superbe épreuve du 7e état. La planche entièrement terminée Sur Japon. Signée.

90 — La même Estampe.

Superbe épreuve du même état mais avec des différences notables dans le tirage. Sur Chine appliqué sur Japon. Signée.

91 — La même Estampe.

Très belle épreuve, même état. Sur Chine. Signée.

GAILLARD (F.)

92 — **La même Estampe.**

Superbe épreuve, même condition, les fonds sont éclaircis. Sur Japon.

93 — **La même Estampe.**

Très belle épreuve, même condition. Signée.

94 — **La même Estampe.**

Très belle épreuve avant la lettre avec le cachet de la Société. Signée.

95 — **La même Estampe.**

Très belle épreuve avant la lettre avec le numéro de publication. Signée.

96 — **Saint Georges,** d'après Raphael (H. B. 45).

Très belle épreuve d'un état très avancé, le terrain du fond en blanc et le poitrail du cheval très peu modelé. Sur Japon.

97 — **La même Estampe.**

Superbe épreuve d'un état presque terminé avant le double trait carré. Sur Japon.

98 — **Mme ***** (H. B. 50).

Eau-forte. Très rare épreuve avant les lettres F G et avec des retouches au crayon. Signée. Rare.

99 — **M. Delaby** (H. B. 51).

Eau-forte. Très belle épreuve. Signée. Rare.

100 — **Mgr de Ségur** (H. B. 53).

Eau-forte. Très belle épreuve sur Japon. Signée.

101 — **M. Langlade** (H. B. 54).

Eau-forte. Très belle épreuve sur Chine. Signée. Rare.

102 — **M. Langlade** (H. B. 55).

Croquis. Très belle épreuve sur Chine. Signée. Rare.

GAILLARD (F.)

103 — Cécile Judissé (H. B. 60).

Eau-forte. Très belle épreuve sur Chine. Signée.

104 — Femme du peuple, la tête de face enveloppée d'un foulard (H. B. 65).

Eau-forte. Très belle épreuve sur Japon. Signée.

105 — Tête de Femme, de profil à droite, un nœud de rubans dans les cheveux (H. B. 68).

Eau-forte. Très belle épreuve. Signée.

106 — Tête de Femme, tournée à droite, la main gauche ramenée près de l'oreille droite (H. B. 72).

Eau-forte. Très belle épreuve sur Chine. Signée.

107 — Saint Philibert, vignette d'après Delaunéy (H. B. 82).

Très belle épreuve sur Chine. Signée.

108 — Bas-Relief du temple de la Victoire.

Pièce non mentionnée au catalogue. Très belle épreuve. Signée.

GAUCHEREL (L.)

109 — Mgr le duc d'Aumale, petit portrait ovale.

Très jolie épreuve d'une pièce non mentionnée au catalogue. Sur Japon.

GÉROME

110 — Le Fumeur. Eau-forte originale (H. B. 1).

Très belle épreuve d'artiste sur Chine.

111 — La même Estampe.

Même condition.

GIGOUX (J.)

112 — Eugène Delacroix (H. B. 111).

Superbe épreuve d'artiste sur Chine, avant que le cuivre ait été coupé.

HENRIQUEL-DUPONT

113 — Henri de Bourbon, roi de Navarre. (Henri IV jeune) (H. B 65).

Très jolie épreuve du 1er état avant le cadre et avant le cuivre coupé. Sur Chine.

JACQUEMART (J.)

114 — Le Soldat et la Fillette qui rit, d'après Van der Neer (H. B. 268).

Très belle épreuve d'artiste.

115 — Scène espagnole, d'après Goya (H. B. 311).

Très belle épreuve d'artiste sur Chine avec les noms des artistes à la pointe.

116 — Le Supplicié japonais (H. B. 313).

Belle épreuve d'artiste sur Japon.

117 — Avant le Bal (H. B. 327).

Très belle épreuve d'artiste sur Japon.

LAGUILLERMIE (F.)

118 — Le Prisonnier, d'après Gérome H. B. 4).

Très belle épreuve d'artiste, avant l'aciérage, sur Japon. Signée.

119 — Le Condottiere, d'après Antonello de Messine.

Très belle épreuve d'artiste sur Chine. Signée.

120 — La même Estampe.

Très belle épreuve d'artiste. Signée.

121 — Un Cavalier, d'après Frans Hals.

Très belle épreuve d'artiste. Signée.

MARTIAL POTÉMONT.

122 — Remise de Chevreuils, d'après G. Courbet.

Très belle épreuve d'artiste sur Chine.

MEISSONIER (E.)

123 — **Le grand Fumeur** (H. B. 13).

Superbe épreuve sur Chine.

124 — **Le Sergent rapporteur** (H. B. 14).

Très belle épreuve avec l'astérisque et avant les mots : Imp. Salmon, dans le cuivre. Sur papier ancien.

125 — La même Estampe.

Même état sur Chine collé.

126 — La même Estampe.

Même état.

127 — La même Estampe.

Même état.

128 — **Polichinelle** (H. B. 18).

Très belle épreuve sur grand papier.

129 — La même Estampe.

Très belle épreuve.

MEISSONIER (D'après)

130 — Son Portrait d'après lui-même, par Régnault.

Très belle épreuve d'artiste sur Chine.

131 — Un Cavalier Louis XIII, par Ch. Blanc.

Très belle épreuve d'artiste sur papier ancien.

132 — Les Amateurs de Peinture, par L. Flameng.

Très belle épreuve d'artiste. Signée.

133 — La Sentinelle, par Gaucherel.

Très belle épreuve d'état, le soldat seul avant le fond. Sur Japon. Signée. Rare.

134 — Soldat endormi sur un banc, par L. Gaucherel.

Très belle épreuve d'état sur Japon. Signée.

MEISSONIER (D'après)

135 — **Défilé des Populations lorraines**, par JACQUEMART.
Superbe épreuve d'artiste avec les noms tracés à la pointe.

136 — **La même Estampe.**
Même condition.

137 — **Un Général. Etude pour le *Solférino*,** par LAGUILLERMIE.
Très belle épreuve d'état. Signée.

138 — **La même Estampe.**
Superbe épreuve d'artiste sur Japon avec la note suivante de l'artiste : « Tirée à deux épreuves. » Signée.

139 — **Le Bibliophile**, par LE RAT.
Très belle épreuve d'un état rare, la tête seule du bibliophile, à l'eau-forte pure. Sur Chine. Signée.

140 — **La même Estampe.**
Très belle épreuve d'un état très avancé, avec des croquis dans la marge à droite. Sur Chine. Signée.

141 — **Le Joueur de flûte,** par LE RAT.
Superbe épreuve d'artiste sur Chine. Signée. Très rare.

142 — **La Partie de cartes,** par LE RAT.
Superbe épreuve d'artiste sur Chine. Signée. Très rare.

143 — **Le Rieur,** par LE RAT.
Très belle épreuve d'artiste. Signée.

144 — **La Vedette,** par LE RAT.
Très belle épreuve d'artiste. Avec remarque. Sur Chine.

145 — **Alexandre Dumas fils,** par MONGIN.
Très belle épreuve d'artiste sur Japon. Signée.

146 — **La Chanson,** par MONGIN (petite planche).
Très belle épreuve d'artiste sur Japon. Signée.

MEISSONIER (D'après)

147 — La Lecture chez Diderot, par Mongin.

Très belle épreuve d'artiste : essais de burin dans les marges. Signée.

148 — **L'Ordonnance**, par L. Mongin.

Très belle épreuve du 1er état à l'eau-forte pure. Signée. Très rare.

149 — La même Estampe.

Superbe épreuve d'artiste sur Chine. Signée. Très rare.

150 — La même Estampe.

Très belle épreuve d'artiste sur Chine avec les retouches. Signée. Très rare.

151 — Le Portrait du Sergent, par Mongin (petite planche).

Très belle épreuve d'artiste sur Japon. Signée.

152 — Charles Meissonier, par Rajon.

Très belle épreuve d'artiste sur Japon. Signée.

153 — La même Estampe.

Très belle épreuve avant la lettre sur Chine volant. Signée.

154 — **Le Fumeur flamand**, par Rajon.

Très belle épreuve du 1er état sur Chine volant.

155 — La même Estampe.

Très belle épreuve d'artiste sur Chine volant. Signée.

156 — La même Estampe.

Superbe épreuve d'artiste sur papier ancien. Signée.

157 — **Le Liseur**, par Rajon.

Très belle épreuve d'artiste avec les noms de Meissonier dans le bas du cuivre à gauche et celui de Rajon à droite. Signée.

158 — La même Estampe.

Très belle épreuve d'un état plus avancé, les noms des artistes ont disparu.

MEISSONIER (D'après)

159 — La même Estampe.

Superbe épreuve d'artiste avec le nom de Meissonier dans le bas du cuivre à droite et celui de Rajon dans le haut à gauche et portant la mention : Épreuve d'artiste sur papier Van der Ley. Rajon.

160 — La même Estampe.

Même condition, portant la mention : Épreuve très belle, sur papier unique. Rajon.

161 — Le Peintre, par RAJON (1re planche).

Épreuve d'état portant la note : « Tiré à six épreuves, planche détruite. P. Rajon ».

162 — La même Estampe.

Même état. Signée (Coll. Flameng).

163 — La même Estampe (3e planche).

Très belle épreuve du 1er état sur papier ancien. Tirée à quatre épreuves. Signée.

164 — La même Estampe.

Très belle épreuve d'un état plus avancé avec une note : « Tiré à trois épreuves. Rajon ».

165 — La même Estampe.

Superbe épreuve d'artiste. Signée.

RAJON (P.)

166 — Rembrandt gravant dans son atelier, d'après GÉROME (H. B. 1).

Très belle épreuve d'artiste. Très rare en cet état. Signée.

167 — Le Muezzin, d'après GÉROME (H. B. 2).

Très belle épreuve d'artiste. Signée. Avec la note : « Avant-dernier état. P. R. ».

168 — Relais de Chiens dans le désert, d'après GÉROME (H. B. 6).

Très belle épreuve d'artiste sur Japon. Signée.

RAJON (P.)

169 — **Le Duel après le bal**, d'après Gérome (H. B. 7).

Superbe épreuve d'un état considéré par l'artiste comme le meilleur. Signée. Très rare.

170 — **Le Plan**, d'après Detaille (H. B. 22).

Deux pièces dont une en épreuve d'état et l'autre terminée. Très belles épreuves. Signées.

171 — **Salomé**, d'après H. Regnault (H. B. 24).

Superbe épreuve du 2e état sur Chine. Signée. Rare.

172 — **La même Estampe.**

Superbe épreuve d'artiste sur Chine.

173 — **La Femme au chapeau de paille**, d'après Rubens (H. B. 91).

Deux pièces, dont une d'état, avec les essais de burin dans les marges, l'autre terminée. Très belles épreuves. Signées.

174 — **La Finette**, d'après Watteau (A. B. 94).

Très belle épreuve d'artiste. Signée.

175 — **L'Indifférent**, d'après Watteau (H. B. 94).

Très belle épreuve du 2e état. Signée.

176 — **Lady Crewe**, d'après Humphrey (H. B. 100).

Très belle épreuve d'artiste. Signée avant quelques travaux dans les fonds.

177 — **La même Estampe.**

Très belle épreuve d'artiste. Signée.

178 — **Mrs Siddons**, d'après Gainsborough.

Deux pièces, dont une d'état et l'autre terminée. Très belles épreuves. Signées.

179 — **Mlle Delaporte, du Gymnase** (H. B. 120).

Deux pièces, 1re et 2e planches. Très belles épreuves d'artiste. Signées.

RAJON P.

180 — La même Estampe.

Trois pièces de l'état terminé avec quelques petites différences. Très belles épreuves, dont une signée.

181 — Alexandre Dumas, père (H. B. 121).

Très belle épreuve d'artiste sur Japon. Signée.

182 — Victor Hugo, d'après Bonnat (H. B. 124).

Très belle épreuve d'artiste sur Japon. Signée. Avec la mention : « Imprimé par moi. P. R. »

183 — La même Estampe.

Très belle épreuve d'artiste sur Chine volant. Signée.

184 — Vuillemot (H. B. 130).

Très belle épreuve d'artiste sur Japon. Signée.

185 — Sully Prudhomme (H. B. 143).

Très belle épreuve d'artiste sur papier ancien. Signée.

186 — Bracquemond, d'après lui-même, tenant un flacon d'eau-forte (H. B. 147, page 163).

Très belle épreuve avant les travaux sur les montants de la presse. Signée.

187 — La même Estampe.

Superbe épreuve sur papier ancien, portant la mention : Épreuve tirée par Bracquemond. P. Rajon.

188 — Bracquemond en 1873 (H. B. 148, page 163).

Superbe épreuve d'artiste sur Chine volant. Signée. Portant la mention : « Avant-dernier état. Tiré par moi. P. R. »

189 — Darwin, d'après Ouless (H. B. 147, page 165).

Superbe épreuve sur Japon de ce merveilleux portrait. Les épreuves d'artiste portent ordinairement tracés à la pointe les noms du peintre et du graveur, cette épreuve ne porte que le nom de Rajon à la pointe, au milieu de la marge du cuivre avec la mention : « État terminé tiré par moi. P. Rajon. » Très rare en cette condition.

RAJON (P.)

190 — La même Estampe.

Superbe épreuve sur papier Whatmann, même état, avec la note : « Tiré par l'auteur. P. R. »

191 — **Mme Suzanna Rose,** d'après SANDYS (H. B. 148, page 165).

Superbe épreuve d'artiste. Très rare.

192 — Tête d'étude, d'après LÉONARD DE VINCI.

Très belle épreuve d'artiste. Signée.

193 — Vignettes pour les œuvres de F. Coppée : *Le Rêve, Le Borgne des Contes Rémois.*

Trois pièces, très belles épreuves d'artiste.

SALMON (A.)

194 — César. Portrait exécuté pour *la Vie de César*, de l'Empereur Napoléon III.

Superbe épreuve d'artiste. Signée. Très rare.

WALTNER (CH.)

195 — Mlle P. M., d'après P. DUBOIS.

Très belle épreuve du 1er état. Signée. Très rare.

196 — La même Estampe.

Superbe épreuve d'artiste avec les noms tracés à la pointe.

197 — Alfred de Musset, d'après le médaillon de DAVID d'ANGERS.

Très jolie épreuve d'artiste sur Chine volant. Signée.

198 — Sous ce numéro seront vendus les portefeuilles de la collection.

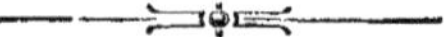

IMPRIMERIE A. MAULDE ET Cie
RUE DE RIVOLI, 144 — PARIS

www.ingramcontent.com/pod-product-compliance
Ingram Content Group UK Ltd.
Pitfield, Milton Keynes, MK11 3LW, UK
UKHW020540180726
13839UKWH00006B/2625

9 782329 5176